VIATOR ARCANUS
(THE MYSTERIOUS TRAVELER)

D1520316

AN ADAPTATION OF THE ANONYMOUS
MEDIEVAL PLAY *MIRACULUM SANCTI NICHOLAI*

A TIERED LATIN READER

edited and adapted by Andrew Olimpi

Comprehensible Classics #11

Comprehensible Classics
Press
Dacula, GA

Viator Arcanus (The Mysterious Traveler)
A Tiered Latin Reader
an adaptation of the Anonymous Medieval Play
Miraculum Sancti Nicholai

Series: Comprehensible Classics #11

Comprehensible Classics Press
Dacula, GA

First Edition: December 2019

Cover design by Andrew Olimpi

ISBN: 9781711355900

uxori meae
pulcherrimae
et
filio meo
nuper nato

ABOUT THE SERIES:

Comprehensible Classics is a series of Latin novels for beginning and intermediate learners of Latin. The books are especially designed for use in a Latin classroom which focuses on communication and Comprehensible Input (rather than traditional grammar-based instruction). However, they are certainly useful in any Latin classroom and could provide independent learners of Latin (in any program) with interesting and highly-readable material for self-study.

Filia Regis et Monstrum Horribile
Comprehensible Classics #1:
Level: Beginner

Perseus et Rex Malus
Comprehensible Classics #2:
Puer Ex Seripho, Vol. 1
Level: Intermediate

Perseus et Medusa
Comprehensible Classics #3:
Puer Ex Seripho, Vol. 2
Level: Intermediate

Via Periculosa
Comprehensible Classics #4
Level: Beginner-Intermediate

Filia Regis et Monstrum Horribile
Comprehensible Classics #1:
Level: Beginner

Familia Mala: Saturnus et Iuppiter
Comprehensible Classics #5
Level: Beginner

Labyrinthus
Comprehensible Classics #6
Level: Beginner

Ego, Polyphemus
Comprehensible Classics: #7
Level: Beginner

Daedalus et Icarus: A Tiered Latin Reader
Comprehensible Classics #8
Level: Intermediate/Advanced

Duo Fratres (Familia Mala II)
Comprehensible Classics #9
Level: Beginner

Pandora (Familia Mala III)
Comprehensible Classics #10
Level: Beginner

Upcoming Titles:
(subject to change)

Reckless Love: Pyramus and Thisbe: A Tiered Latin Reader

Vox in Tenebris (an Intermediate Latin novella)

Illustration/Photo Credits

cover photo:

Illustration Credits:

Front Cover
Death of the Sun, Moon and Stars Falling by Cristoforo de Predis, illustration from *Storie di San Gioachino, Sant'Anna, di Maria Vergine, di Gesù, del Battista e della fine del mondo* (1476).

Back Cover
"Nicholas and the Three Children." Detail from a 14th C. *Book of Hours*. (CCO 1.0)

p. 5 "Three Clerics" Detail from a Psalter, possibly Saint-Omer, 13th century. MS M.79 fol. 111v. (CCBY 4.0)

p. 7. Detial from "Sun" Engraving (1617) *De metaphysico macrosmi...ortu.* by Robert Fludd. (CCBY 4.0)

p. 8 Monastery - Great hall: Fresco at the ceiling showing Helios on his chariot, located in a monastery in Nová Říše, Czech Republic. Photo by Wolfgang Sauber. (CCBY 4.0)

Photograph of Fetteresso Old Inn. Now private house. Photo by Russ Hamer. (CCBY 4.0)

p. 25, detail of a money bag from a medieval portrait of St. Homobonus. (CCBY 4.0)

p. 29. portrait of Saint Nicholas of Myra. (13th century), located in Saint Catherine's Monastery, Sinai, Egypt. (CCO 1.0)

Preface
How to Use this Book

I.

Introduction to Tiered Readers

What is a tiered reader?

The following is not a scholarly text, but an attempt at an accessible reading aid for students beginning to read Latin literature for the first time, or for students who have experience translating Latin texts, but little facility in reading Latin. The perceived gap between reading the Latin texts found in language textbooks and the texts that native Latin speakers wrote is well-known (and much-lamented) among Latin teachers and professors, and over the years many attempts to bridge that gap have appeared in the form of commentaries, readers, anthologies, and adapted texts. With few exceptions, what unites these traditional transitional readers is the goal that, in the end, students be able to translate (that is, *decode*) the Latin texts. This book approaches the task of reading authentic Latin texts from a more communicative perspective.

Essentially this book is a series of passages (arranged into "tiers") which adapt an excerpt of authentic Latin into less complex readings of gradually ascending difficulty and complexity, until the original text appears in the final tier. This way there is no need to interrupt the flow of the reading to check grammar notes or vocabulary (except for the occasional marginal gloss). More importantly, the reader also encounters the vocabulary and syntax of the original passage repeatedly in an understandable context. An intermediate-level reader (perhaps after two or three years of Latin instruction) can dive into the story from the beginning.

The Layout of the Tiers

For this reader, I have adopted the following layout:

Tier I presents the original text adapted into very simple, beginner/novice-level Latin. The vocabulary is deliberately limited, the sentences are short and straightforward, and the passages are fairly (and purposely) repetitive.

Teir II is more complex. In the second tier the sentences are a bit longer and more intricate, reflecting more of the vocabulary and expressions used in the original. Repetition is still present, but less copious.

Tier III is the original text.

How to begin

There are multiple ways to read this book. Below are three approaches that I think could be beneficial to various readers, but this list is in no way definitive. I encourage readers to find the approach that is most suited to their reading ability and personal goals.

To me the most obvious approach is to begin from *Pars I, Tier I*, and read a section gradually proceeding up through the tiers to the original text. This plan would best suit more advanced readers, as the linguistic difficulty and vocabulary demands ramp up quickly.

Alternatively, intermediate readers could work through the entire book reading only the first *two tiers* in each section, After the reader has read the first two tiers confidently, it would be an easy matter to move on to the third.

Yet another plan could work for novice readers of Latin: to read only the first tier (or two), ignoring the higher tiers completely. The first-tier readings employ limited vocabulary, straightforward syntax, and frequent repetition: therefore, a reader in her second year of Latin study could easily begin to gain exposure to bits of authentic Latin, without having to arduously translate a text that is too advanced.

In short, it is not necessary to read the text in a linear way. Rather, I encourage readers to browse, skim, skip, or reread the passages in any order they please. What is important is the act of reading—and *rereading*—the words on the page and comprehending what one reads. This process will lead to greater confidence and proficiency.

II.
Sources

The origin of this reader is a yearly Christmas tradition in my Latin III class: the reading and performance of this medieval play. Although the famous Saint Nicholas does appear, play, however, isn't necessarily a Christmas play (the time of year in which the play is set is vague), and therefore the play could be read and/or performed at any time of year.

The *Miraculum Sancti Nicholai* is an example of a medieval Miracle play, which depict miraculous episodes from the lives of saints. This particular play dates from the 12th Century and is the second in a series of four *Miracula* depict various episodes from the life of St. Nicholas. The quality of the play is fair and obviously the product of an amateur playwright. Unintentional humor abounds (to the frequent delight of my students). Yet the Latin is fairly straightforward and the story interesting enough for the play to earn a permanent spot in my Latin III repertoire.

For the text I used Thomas Wright's excellent edition,[1] and I encourage anyone interested in reading more of these charming and unusual works to consult Wright's collection.[2] My purpose in editing the present volume

---

[1] Wright, Thomas. *Early Mysteries, and Other Latin Poems of the Twelfth and Thirteenth Centuries*. Nicholas & Son, London. 1838
[2] the text is in the public domain and readily available online.

was to create an edition that can be performed easily by students in a classroom setting, and I have altered the text slightly in order to attain this goal. I limited by changes to normalizing spelling to classical standards and adding and/or clarifying stage directions; the dialogue itself is largely untouched. The original play also ended with the characters singing the medieval hymn *Te Deum* altogether. I have chosen to cut this song from my performance edition of the play.

A note on the meter. Unlike classical Latin drama, this play was composed using a modern accentual meter and in rhyming couplets, a common practice in medieval poetry. Consequently, the meter is very musical and engaging. The meter is also generally easy for students to hear as it shares similarities with modern poetry. In the *Miraculum*, each line contains four metrical feet: two trochees followed by two dactyls.

```
/   u   /   u   /   u   u   /   u   u
Nōs  quōs cau - sa dis – cen - dī lit – te - rās
```

```
/   u   /   u   /   u   u   /   u   u
Ap - ud gen - tēs trans – mī - sit ex – te - rās.
```

THE MYSTERIOUS TRAVELER

(Miraculum Sancti Nicholai)

TIERED TEXTS

Dramatis Personae

Tres Clerici

      Primus Clericus

      Secundus Clericus

      Tertius Clericus

Senex (Caupo)

Vetula (Uxor Senis)

Sanctus Nicholaus

Scaenae

Scaena Prima:

vespere, extra cauponam

Scaena Secunda:

media nocte, intra cauponam

Scaena Tertia:

postridie, intra cauponam

Cast

Three Clerics

    The First Cleric

    The Second Cleric

    The Third Cleric

An Old Man (the Innkeeper)

An Old Woman (his Wife)

St. Nicholas

Scenes

Scene 1:

evening, outside the inn

Scene 2:

midnight, inside the inn

Scaena Tertia:

the following day, inside the inn

SCAENA PRIMA
(PARS I)

TIER 1.1

occidit: *is setting*

sōl occidit.

clerici: *clerics*

hospitium:
hospitality, lodging

trēs clēricī mediā in viā sunt. clēricī hospitium vult.

PRĪMUS CLĒRICUS
Nōs trēs sumus clēricī.

ignota: *unknown*

iter fecimus: *we have made a journey; have travelled*

hodiē in terrā aliēnā sumus. terra ignōta nōbīs est. per multās terrās nōs iter fēcimus. via erat longa et difficilis.

litteras: *letters, literature*

cenare: *to dine, to eat*

hospitia quarere: *to seek lodging, accomondations.*

discipulī sumus. volumus discere litterās. difficile est iter facere. dēfessī sumus! ecce sōl rapidē dēscendit. tempus et cēnāre et dormīre. dum sōl lūcet, debēmus hospitia quaerere.

SECUNDUS CLĒRICUS
(caelum spectāns)

ecce iam sōl nōn est in caelō. sōl prope
terram est. iam sōl equōs in terrā tenet.

tenet: *holds*

mox sōl merget sub aequore.

merget sub
aequore: *will set
under the horizon
the surface of the
water*

haec patria nōn est nōta nōbīs. ignōta
est! sumus apud gentēs exterās!

nota: *known*

exteras: *foreign*

tempus fugit! nox rapidē venit! nōs
dēbēmus quaerere hospitia.

hospitia: *lodging,
hospitality*

SENEX intrat.

TERTIUS CLĒRICUS
(vidēns SENEM prope caupōnam)

caupona: *an inn*

maturus: *mature,
advanced in years*

ecce! senem videō! senex est mātūrus.
fortasse hic senēs est bonus. caupōna
ēius est magna et bona. fortasse senex

caupona: *inn*

nōbīs cenam dabit. fortasse hic senex
erit hospes nōbīs.

hospes: *a host*

nos sumus tres clerici

TIER 1.2

sōle occidente trēs clēricī mediā in viā colloquuntur. multās hōrās iter fēcērunt. iam hospitium perquīrunt.

colloquuntur: *are conversing*

perquirunt: *seeking everywhere*

PRĪMUS CLĒRICUS
Nōs sumus clēricī. hodiē apud gentēs exterās iter facimus. via est longa et difficilis.

quid est causa nōbīs iter faciendī? discipulī sumus, et volumus litterās discere.

causa: *the cause (of); the reason (for)*

causa discendī litterās nōs trānsmīsit ad gentēs exterās.

causa discendi: *the cause of learning*

transmisit: *sent us abroad*

gentes: *people*

sōl in caelō adhūc lūcet, sed mox sōl dēscendet. dum sōl radiōs ad terram extendit, quaerāmus nōbīs hospitium.

radios: *rays*

SECUNDUS CLĒRICUS
(ānxius caelum aspiciēns)
ecce iam sōl nōn est in mediō caelō. sōl
in lītore est. iam sōl equōs in lītore
tenet. mox currus sōlis merget sub
aequore.

currus: *chariot*

aequore: *the horizon, the surface of the water*

sol equos in litore tenet.

patria: *country*

gentes: *people*

haec patria nōn est nōta nōbīs. ignōta
est! sumus apud gentēs exterās! tempus
fugit! nox rapidē venit! nōs dēbēmus
hospitia quaerere.

*SENEX et VETULA ē caupōnā exeunt, et
extrā caupōnam stant.*

TERTIUS CLĒRICUS

(vidēns SENEM extrā caupōnam)

quid habēmus cōram oculīs meīs?

coram: *before, in front of*

ecce cōram oculīs habēmus senem.
senex est mātūrus mōribus.

maturus moribus: *mature in his habits*

forsan: *perhaps*

forsan hic senex precēs nostrōs audiet.
forsan hic senex erit hospes nōbīs?

preces: *prayers*

forsan senex est bonus et generōsus?
nōs clēricī erimus hospitēs bonī!

generosus: *noble, generous*

hospites: *guests*

NOTE: The Latin word *hospes* describes the special relationship between a host and his guest. Both are *hospites*; therefore, *hospites* can be translated both as "host" and "guest" depending on the context

TIER 1.3

sōle occidente trēs clēricī mediā in viā col-
loquuntur. multās hōrās iter fēcērunt. iam
hospitium perquīrunt.

perquirunt: *seek*

PRĪMUS CLĒRICUS
> Nōs quōs causa discendī litterās
> Apud gentēs trānsmīsit exterās.
> Dum sōl adhūc extendit radium
> Perquīrāmus nōbīs hospitium.

adhuc: *still*
radium: *ray*

SECUNDUS CLĒRICUS
> (*caelum ānxiē aspiciēns*)
> Iam sōl equōs tenet in lītore,
> Quōs ad praesēns merget sub aequore.
> Nec est nōta nōbīs haec patria;
> quaerī dēbent hospitia.

ad praesens: *at this moment, at present*

quaeri debent: *should be sought*

TERTIUS CLĒRICUS
> (*vidēns senem extrā caupōnam*)
> Senem quendam mātūrum mōribus
> Hīc habēmus cōram lūminibus;
> Forsan, nostrīs compulsus precibus,
> Erit hospes nōbīs hospitibus.

quendam: *a certain*

luminibus: *my lights, eyes*

compulsus: *compelled*

SENEX et VETULA ē caupōnā exeunt, et extrā
caupōnam stant.

SCAENA PRIMA
(PARS II)

TIER 2.1

CLĒRICĪ
(īnsimul clēricī ad SENEM dīcunt)
ō senex, nōs sumus discipulī. nōs iter
facimus ad studia quaerenda. in hāc
patriā hospitium quaerimus. nox venit.
nox longa est. ō senex, dā nōbīs
hospitium in caupōnā tuā.

insimul: *at the same time, simultaneously*

studia: *studies*

SENEX
(sēcum loquens)
ēheu! nōlō clēricōs in caupōnā meā!
clēricī sunt pauperēs! nōlō pauperēs in
caupōnā meā!

secum: *with himself*

(ad CLĒRICĪ)

ō clēricī, vōs estis virī sānctī! Deus est
Factor omnium. fortasse Deus vōbīs
hospitium dabit. ego . . . ego vōbīs
hospitium *nōn* dabō!

sancti: *holy, sacred*
Factor: *the Maker*

in hoc: *in this*
(arrangement)

utilitas: *advantage*

opportunitas:
convenience

se vertentes:
turning themselves

utile: *useful,*
advantageous

beneficium:
kindness

valē, ō clēricī pauperēs. in hōc nōn est
ūtilitās mihi.

in hōc nōn est opportūnitās mihi.

CLĒRICĪ
(iam ad VETULAM sē vertentēs)
ō vetula cāra, hospitium nōn est ūtile.
nōs autem sumus clēricī sānctī. fortasse,
propter hoc beneficium, Deus vōbīs
fīlium dōnābit.

VETULA omnia audit et gaudet.

TIER 2.2

CLĒRICĪ
(*īnsimul clēricī ad SENEM dīcunt*)

ō hospes cāre, discipulī sumus.
relīquimus patriam nostram ad studia
quaerenda. vēnimus hūc hospitium
quaerentēs. nox venit. spatium noctis
est longum. ō senex, dum hoc spatium
noctis dūrābit, dā nōbīs hospitium.

hospes care: *dear host*

reliquimus: *we have left behind*

spatium: *the space, the extent*

durabit: *will last*

SENEX
(*sēcum loquēns*)
hī hominēs sunt discipulī. ergō
pecūniam nōn habent. pauperēs sunt.
volō hospitēs dīvitēs, nōn pauperēs.

(*ad CLĒRICĪ*)
ō clēricī, vōs estis virī sānctī! fortasse
Deus, Factor omnium vōbīs hospitium
dabit. ego . . . ego vōbīs hospitium nōn
dabō!

valē, ō clēricī. in hōc neque est ūtilitās
mihi neque opportūnitās.

utilitas: *utility, advantage*

opportunitas: *convenience*

CLĒRICĪ

(iam ad VETULAM sē vertentēs)

quod: *that which*

sit: *may be*

ō vetula cāra, quod rogāmus nōn est ūtile.

forsan: *perhaps*

impetrabile: *easily obtainable*

forsan quod rogāmus sit impetrābile per tē.

propter: *because of*

forsan, propter hoc beneficium,
Deus vōbīs fīlium dōnābit.

hōc dictō VETULA gaudet.

TIER 2.3

CLĒRICĪ

(*īnsimul, ad SENEM*)
Hospes cāre, quaerendō studia
Hūc relictā venīmus patriā;

quaerendo studia:
"for the sake of seeking studies"

huc: *to this place*

relicta patria:
having left behind our country

Nōbīs ergō praestēs hospitium,
Dum dūrābit hoc noctis spatium.

praestes: *"offer"*

SENEX

Hospitētur vōs Factor omnium!
Nam nōn dabō vōbīs hospitium;
Nam nec mea in hōc ūtilitās.
Nec est ad hoc nunc opportūnitās.

hospitetur: *"let [someone] accommodate you"*

CLĒRICĪ

(*ad VETULAM*)
Per tē, cāra, sit impetrābile
Quod rogāmus, etsī nōn ūtile.
Forsan, propter hoc beneficium,
Vōbīs Deus dōnābit puerum.

quod rogamus:
that which we ask
etsi: *even if*

hōc dictō VETULA gaudet.

SCAENA PRIMA
(PARS III)

TIER 3.1

VETULA
(*ad SENEM*)
ecce hī clēricī miserī!
in terrā aliēnā sunt et quaerunt studia.
sumus hospitēs. necesse est dare

caritas: *charity, kindness*

clēricīs hospitium in caupōnā nostrā.
cāritās nōs compellit. in hōc nōn est

damnum: *loss, damage*

ūtilitās, sed in hōc nōn est damnum.

SENEX

acquiscam: *I will assent, agree*

(*ad uxōrem*)
ō uxor, cōnsilium tuum mihi placet. ego

consilio: *plan, idea*

acquiēscam tuō cōnsiliō. ego dabō illīs
clēricīs hospitium.

(*ad clēricōs*)
venīte, scholarēs! intrāte in caupōnam
meam. hāc nocte dabō vōbīs hospitium.

CLĒRICĪ gaudent. omnēs — CLĒRICĪ,
SENEX, VETULA — in caupōnam intrant.

TIER 3.2

errant: *wander*

caritas
compellat: *let
charity compell*

VETULA
(*ad SENEM*)
hī clēricī errant in terrīs exterīs
quaerentēs studium. necesse est dare
clēricīs hospitium. cāritās nōs
compellat.

dare hospitium est neque damnum
neque ūtilitās.

SENEX
(*ad uxōrem*)
cōnsilium tuum est bonum, ō uxor mea.
dabō illīs clēricīs hospitium.

(*ad CLĒRICŌS*)
venīte, scholārēs, igitur in caupōnam
meam. dabō vōbīs hospitium.

*hōc audītō CLĒRICĪ gaudent. omnēs –
CLĒRICĪ, SENEX, VETULA – in
caupōnam intrant.*

TIER 3.3

VETULA
(*ad SENEM*)

> Nōs hīs dare, coniunx, hospitium.
> Quī sīc vagant quaerendō studium.
> Sōla saltem compellat cāritās;
> Nec est damnum, nec est ūtilitās.

coniunx: *spouse*

sic: *thus, in this way*

vagant: *wander*

sola: *alone*

SENEX

> (*ad uxōrem*)
> Acquiēscam tuō cōnsiliō
> Et dignābor istōs hospitiō.

> (*ad CLĒRICŌS*)
> Accēdātis, scholārēs, igitur.
> Quod rogāstis vōbīs concēditur.

accedatis: *approach*

conceditur: *is conceded, is provided*

hōc audītō CLĒRICĪ gaudent. omnēs – CLĒRICĪ, SENEX, VETULA – in caupōnam intrant.

rogastis = rogavistis: *you have asked for*

SCAENA ALTERA

TIER 4.1

intra: *inside*

intrā caupōnam. mediā nocte. dum clēricī dormiunt SENEX et VETULA sēcrētō colloquuntur.

SENEX
(*ad uxōrem, CLĒRICĪS dormientibus*)
ō uxor mea, iam clēricī dormiunt.
nōnne tū vidēs marsūpia? ō rem

marsupia: *wallets, money bags*

mīrābilem! clēricī nōn sunt pauperēs.
clēricī marsūpia magna habent.
in marsūpiīs magnīs est pecūnia!
volō pecūniam. quōmodo possumus
pecūniam capere?

VETULA
ō mī marīte, pauperēs sumus. multōs
annōs vīximus pauperēs et miserī.

viximus: *we have lived*

SENEX
vīta pauper est longa et difficilis!

vita: *life*

VETULA
sī clēricōs interficiēmus, pecūniam
capere poterimus!

habēsne gladium tuum, ō mī marīte?

SENEX
habeō, ō uxor!

VETULA
affer gladium tuum!
(*SENEX exit*)
vīta pauper est difficilis. volō esse
dīves! volō pecūniam clēricōrum.

SENEX
(*SENEX fert gladium.*)
ecce, ō uxor! gladium habeō!

VETULA
ō mī marīte, interfice clēricōs
dormientēs et pecūniam cape!

SENEX
timeō! hoc scelus est malum!

scelus: *crime, evil deed*

VETULA
scelus est malum. scelus autem nōn est
difficile. ecce clēricī dormiunt! nēmō
scelus vidēbit. erit sēcrētum!

SENEX et VETULA exeunt. CLĒRICĪ magnā vōce clāmant! SENEX ET VETULA CLĒRICŌS interficiunt et pecūniam eōrum capiunt.

TIER 4.2

intrā caupōnam. mediā nocte. dum clēricī dormiunt SENEX et VETULA sēcrētō colloquuntur.

SENEX
(*ad uxōrem, clēricīs dormientibus*)
ō uxor mea, clēricī dormiunt. nōnne tū vidēs marsūpia? ō rem mīrābilem! ego credidī clēricōs esse pauperēs. marsūpia eōrum autem sunt magna! in marsūpiīs magnīs est magna cōpia pecūniae!

volō cōpiam pecūniae possidēre. sed nōn possumus pecūniam possidēre absque īnfāmiā.

VETULA
ō mī marīte, pauperēs sumus. paupertās est onus magnum et malum. multōs annōs sustulimus onus paupertātis. quamdiū vīximus onus paupertātis sustulimus!

nonne: *don't you?*

credidi: *believed*

copia: *amount*

possidere: *to possess*

absque infamia: *without infamy, disgrace*

onus: *burden, weight*

sustulimus: *we have suffered, endured*

quamdiu viximus: *as long as we have lived, been alive*

SENEX
quōmodo possumus paupertātem

vitare: *to avoid*   vītāre?

VETULA
paupertātem vītāre poterimus, sī
clēricōs interficiēmus et marsūpia
eōrum capiēmus.

habēsne gladium tuum, ō mī marīte?

SENEX
habeō, ō uxor!

evagines:
unsheathe, draw   **VETULA**
ēvāgīnēs ergō iam gladium;
possumus dīvitēs esse, sī tū interficis
clēricōs dormientēs.

SENEX
possumus dīvitēs esse!

VETULA
erimus dīvitēs et nēmō sciet quod

quod fecerimus:
*what we have
done*   fēcerimus!

SENEX et VETULA exeunt. CLĒRICĪ magnā vōce clāmant! SENEX ET VETULA CLĒRICŌS interficiunt et pecūniam eōrum capiunt.

in marsupiis magnis est magna copia pecuniae!

TIER 4.3

intrā caupōnam. mediā nocte. dum clēricī dormiunt SENEX et VETULA sēcrētō colloquuntur.

SENEX
(ad uxōrem, clēricīs dormientibus)

quanta: *how great, how large*

argenti: *of silver, of money*

Nonne vidēs quanta marsūpia?
Est in illīs argentī cōpia.
Haec ā nōbīs absque īnfāmiā
Possidērī posset pecūnia.

VETULA

hos: *these (men)*

morti donare: *to give to death, to put to death*

Paupertātis onus sustulimus,
Mī marīte, quamdiū vīximus;
Hōs sī mortī dōnāre volumus,
Paupertātem vītāre possumus.

evagines: *draw*

morte iacentium: *by the death of those lying down*

Ēvāgīnēs ergō iam gladium ;
Namque potes, morte iacentium,
Esse dīves quandiū vīxeris;
Atque sciet nēmō quod fēceris.

SCAENA TERTIA

(Pars I)

TIER 5.1

postrīdiē vespere, intrā caupōnam. SENEX marsūpia CLĒRICŌRUM tenet pecūniam numerāns.

postridie: *the following day*

vespere: *in the evening*

ST. NICHOLAUS intrat. ille marsūpium magnum fert.

NICHOLAUS
Salvē!

SENEX vōcem audit et ānxiē pecūniam cēlat.

celat: *conceals, hides*

SENEX
salve, ō vir! quis es?

NICHOLAUS
ego peregrīnus sum. ego per multās terrās iter fēcī. via est longa et difficilis. iam sōl nōn est in caelō et fessus sum. volō in hāc caupōnā comedere et dormīre.

peregrinus: *a traveler, foreigner*

fessus: *weary, tired*

SENEX marsūpium NICHOLAĪ videt.

SENEX
(*ad VETULAM*)
ecce marsūpium! in marsūpiō est
multum pecūniae! volō pecūniam!

VETULA
(*ad SENEM*)
ego quoque pecūniam volō.

SENEX
(*ad VETULAM*)
cāra coniūnx, quid est cōnsilium tuum?
estne ille vir dignus hospitiō?

cara: *dear*

VETULA
(*quoque marsupium vidēns*)
vir dignus hospitiō est! vir est pulcher!
vir est ēlegāns! vir est dīves!
ō coniūnx, dēmus eī hospitium!

demus: *let us give*

SENEX
(*ad NICHOLAUM*)
Peregrīne, venī hūc. tū est vir nimis
egregius. vīsne cēnam?

nimis
egregius: *very
outstanding,
most excellent*

NICHOLAUS
volō.

SENEX

ergō ego tibi cēnam dabō. venī et cōnsīde ad mēnsam!

NICHOLAUS ad mēnsam cōnsīdit.
SENEX et VETULA exeunt.

Sanctus Nicholaus

TIER 5.2

postrīdiē, intrā caupōnam. SENEX marsūpia CLĒRICŌRUM tenet pecūniam numerāns.

ST. NICHOLAUS intrat, marsūpium magnum ferēns.

NICHOLAUS

salvus sīs: *hello! (be well!)*

salvus sīs!

vōce audītā, SENEX ānxiō animō pecūniam cēlat.

SENEX
salvus sīs, ō vir! quis es?

NICHOLAUS

iter: the *journey*

itinere: *from the road*

peregrīnus sum. iter meum longum fuit et fessus itinere sum.

ultra: *further*

precor: *I pray, I ask*

per spatium: *through the space, the duration*

nōn possum ultra iter facere hodiē. nox venit. ergō, ō senex, precor, dā mihi hospitium per spatium hūius noctis.

SENEX marsūpium NICHOLAĪ videt.

SENEX
(ad mulierem)
cāra coniūnx, quid est cōnsilium tuum?
estne ille vir dignus hospitiō nostrō?

dignus: *worthy*

VETULA
(quoque marsupium vidēns)
speciēs hūius virī eum commendat!

species: *appearance*

commendat: *commends, recommends*

meō cōnsiliō est dignus ut tū dēs eī
hospitium.

meo consilio: *in my opinion.*

ut des: *that you give*

SENEX
(ad NICHOLAUS)
Peregrīne, venī hūc. tū vīderis esse vir
nimis egregius. vīsne tū cēna? sī vīs,
dabō tibi comedere.

videris: *seem*

venī et cōnsīde ad mēnsam! quidquam
tū volēs, ego tibi dabō.

quidquam tu voles: *whatever you might want*

NICHOLAUS ad mēnsam cōnsīdit.
SENEX et VETULA exeunt ad cēnam
afferendam.

TIER 5.3

NICHOLAUS

Peregrīnus, fessus itinere
Ultrā modō nōn possum tendere;

ultra modo: *any further*

tendere: *stretch, travel*

Hūius ergō per noctis spatium
Mihi praestēs, precor, hospitium.

praestes: *provide*

SENEX

(*ad VETULAM*)
An dignābor istum hospitiō,
Cāra coniūnx, tuō cōnsiliō?

dignabor: *I will find [someone] worthy [of something]*

VETULA

Hunc persōna commendat nimium,
Et est dignus ut dēs hospitium.

persona: *appearance*

nimium: *very much*

SENEX

Peregrīne, accēde propius:
Vir vīderis nimis ēgregius;
Sī vīs, dabō tibi comedere;
Quidquam volēs tentābō quaerere.

tentabo: *I will try, will attempt*

SCAENA TERTIA

(Pars II)

TIER 6.1

NICHOLAUS ad mēnsam sedet. SENEX intrat et cēnam ad mēnsam fert.

SENEX
ecce cēna!

NICHOLAUS cēnam nōn comedit.

VETULA
(ad SENEM)
cūr vir cēnam nōn comedit?

(ad NICHOLAUM)
ō vir ēlegāns, cūr cēnam nostram nōn comedis? carō nostra tibi placet?

caro: *meat*

NICHOLAUS
(ad mēnsam sedēns)
carō vestra mihi nōn placet. hanc carnem comedere nōlō. carō nōn est recēns.

carnem: *meat*
recens: *fresh*

SENEX
carō nostra est recēns.

NICHOLAUS
mendacium: *a lie*

ō senex, mendācium dīcis. carō in mēnsā nōn est recēns! volō carnem recentem!

VETULA
quam: *which*

ō vir, ego dedī tibi carnem quam habeō. in caupōnā nostrā nōn habeō carnem recentem!

NICHOLAUS
tū carnem recentem nōn habēs? estne vērum?

SENEX
nōn habeō.

NICHOLAUS
(rīdēns)
hahahae! mendācium dīcis! tū carnem nimium: *very*

habēs, et carō est nimium recēns!

VETULA
sancte: *holy*

ō vir sāncte, in tōtā caupōnā nostrā nōn est carō recēns!

NICHOLAUS

erat scelus malum in hāc caupōnā! tū et
tua uxor mala trēs innocentēs
necāvistis. deinde tū et uxor pecūniam
eōrum cēpistis!

SENEX et VETULA terrōre affectī sunt.

TIER 6.2

NICHOLAUS ad mēnsam sedet. SENEX carnem fert. SENEX carnem in mēnsam pōnit.

carnem: *meat*

SENEX
ecce carō!

caro: *meat*

NICHOLAUS carnem īnspectat.

NICHOLAUS
(ad mēnsam sedēns)
hanc carnem comedere nōlō.

SENEX
carō nostra tibi nōn placet, ō vir?

NICHOLAUS
haec carō mihi nōn placet! ego comedere possum nihil ex hīs cibīs! carō in mēnsā nōn est recēns! volō carnem recentem!

nihil ex: *none of (lit. "nothing from")*

recens: *fresh*

SENEX
ō vir, ego dedī tibi carnem quam habeō. in caupōnā nostrā nōn habeō carnem recentem!

NICHOLAUS
carne recentī carēs?

cares: *you lack*

SENEX
careō.

NICHOLAUS
(rīdēns)
hahahae! Nunc tū dīxistī plānē
mendācium. tū es senex falsus!
tū carnem habēs, et carō est nimium
recēns!

plane: *plainly, clearly*

mendacium: *a lie*

nimium: *very*

SENEX
ō vir sāncte, in caupōnā nostrā nōn est
carō recēns!

NICHOLAUS
et hanc carnem habēs magnā nēquitiā!
tū et illa uxor mala trēs innocentēs
necāvērunt, et pecūniam cēpērunt!

magna nequitia: *by/due to a great injustice*

.

SENEX et VETULA terrōre affectī sunt.

TIER 6.3

NICHOLAUS ad mēnsam sedet. SENEX intrat carnem ferēns. SENEX carnem in mēnsā cōram hospitī pōnit.

NICHOLAUS
> *(ad mēnsam)*
> Nihil ex hīs possum comedere;
> Carnem vellem recentem edere.

vellem: *I wish, I want*

SENEX
> Dabō tibi carnem quam habeō,
> Namque carne recente careō.

namque: *for indeed, for truly*

careo: *I lack*

NICHOLAUS
> Nunc dīxistī plānē mendācium
> Carnem habēs recentem nimium,
> Et hanc habēs magnā nēquitiā,
> Quam mactārī fēcit pecūnia.

fecit mactari: *made to be butchered, caused to be butchered*

SCAENA TERTIA

(Pars III)

TIER 7.1

SENEX ET VETULA
(*īnsimul*)
ō vir sāncte, dā nōbīs veniam! nōs
scelus est malum!

veniam: *forgiveness*

NICHOLAUS
scelus vestrum est abōminābile!

SENEX ET VETULA
ita vērō, ō sāncte Deī. scelus nostrum
est abōminābile. dā nōbīs veniam!

VETULA
ō sāncte Deī, estne scelus nostrum
incondonābile?

incondonabile:
unforgiveable

NICHOLAUS
scelus nōn est incondonābile. Deus
vōbīs dabit veniam. ō senex et uxor,
afferte corpora clēricōrum. per grātiam
Deī hī clēricī resurgent.

gratiam: *the grace,
the favor*

resurgent: *will rise
again*

VETULA

quid dīcis? clēricī mortuī resurgent? ō rem mīrābilem!

SENEX et VETULA exeunt. corpora CLĒRICŌRUM afferunt ad NICHOLAUM.

NICHOLAUS

oratio: *prayer*

pie: *gracious*

aer: *air*

resurgant: *let (these priests) rise again*

(*Ōrātiō Sānctī Nicholaī*)
pie Deus, quī omnia habet — caelum, terra, āēr, et maria — clēricī resurgant per grātiam tuam.

ō Deus, audī ōrātiōnem meum!

SENEX

audī eum clāmantem!

VETULA

audī eum clāmantem!

carmen: *a song*

canunt: *sing*

subitō TRĒS CLĒRICĪ resurgunt. nōn iam mortuī sunt. OMNĒS gaudent. OMNĒS carmen simul canunt.

TIER 7.2

SENEX ET VETULA
(*simul*)
ō vir sāncte, miserēre nostrī! nōs scelus
malum fēcimus! vidēmus tē esse
sānctus vir!

miserere: *have mercy on*

NICHOLAUS
scelus vestrum est abōminābile!

SENEX ET VETULA

ita vero: *indeed*

ita vērō, ō sāncte Deī. scelus nostrum
est abōminābile. miserēre nostrī! dā
nōbīs veniam! scelus nostrum est
abōminābile!

VETULA
ō sāncte Deī, estne scelus nostrum
incondonābile? potesne dare nōbīs
veniam?

NICHOLAUS
scelus nōn est incondonābile. Deus
potest vōbīs dare veniam. ō senex et

uxor, afferte corpora mortuōrum. videō
contrīta esse vestra pectora. per grātiam
Deī hī clēricī resurgent.

contrita: *sorrowful, contrite.*

VETULA
quid dīcis? clēricī mortuī resurgent? ō
rem mīrābilem!

NICHOLAUS
sed ūnō condiciōne: vōs duo trīstēs
veniam quaerātis!

uno condicione: *on one condition*

quaeratis: *seek, ask for*

*SENEX et VETULA flentēs et trīstēs
exeunt. Paulō post revēniunt corpora
CLĒRICŌRUM afferentēs.*

NICHOLAUS
(*Ōrātiō Sānctī Nicholaī.*)
Pie Deus, quī omnia possidet
Caelum, terra, āēr, et maria,
ō Deus, faciās ut hī clēricī mortuī
resurgent.
ō Deus, audiās hōs malōs ad tē
clāmantēs.

facias ut: *make it that, cause [something] to happen.*

*CLĒRICĪ, nōn iam mortuī, surgunt.
OMNĒS gaudent et carmen simul canunt.*

TIER 7.3

SENEX ET VETULA
(*simul*)
Miserēre nostrī, tē petimus,
Nam tē sānctum Deī cognōvimus.
Nostrum scelus est abōminābile,
Nōn est tamen incondonābile.

petimus: *we ask, we beseech*

cognovimus: *we recognize*

NICHOLAUS
Mortuōrum afferte corpora.
Et contrīta sint vestra pectora;
Hī resurgent per Deī grātiam;
Et vōs flendō quaerātis veniam.

pectora: *chests, hearts*

flendo: *with weeping*

SENEX et VETULA exeunt. Paulō post
revēniunt corpora CLĒRICŌRUM afferentēs.

paulo post: *shortly after*

NICHOLAUS
(*Ōrātiō Sānctī Nicholāī.*)
Pie Deus, cūius sunt omnia,
Coelum, tellus, āēr, et maria,

cuius sunt: *who possesses*

coelum = caelum

Ut resurgant istī praecipiās,
Et hōs ad tē clāmantēs audiās.

praecipias ut: *command that*

CLĒRICĪ, nōn iam mortuī, surgunt. OMNĒS
gaudent et carmen canunt.

THE MYSTERIOUS TRAVELER

(*Miraculum Sancti Nicholai*)

PERFORMANCE SCRIPTS

MIRACULUM SANCTI NICHOLAI

Tier I Version – Complete

SCAENA PRIMA

sōl occidit.

trēs clēricī mediā in viā sunt. clēricī hospitium vult.

PRĪMUS CLĒRICUS

Nōs trēs sumus clēricī.

hodiē in terrā aliēnā sumus. terra ignōta nōbīs est. per multās terrās nōs iter fēcimus. via erat longa et difficilis.

discipulī sumus. volumus discere litterās. difficile est iter facere. dēfessī sumus! ecce sōl rapidē dēscendit. tempus et cēnāre et dormīre. dum sōl lūcet, debēmus hospitia quaerere

SECUNDUS CLĒRICUS

(caelum spectāns)

ecce iam sōl nōn est in caelō. sōl prope terram est. iam sōl equōs in terrā tenet. mox sōl merget sub aequore.

haec patria nōn est nōta nōbīs. ignōta est. sumus apud gentēs exterās. nunc tempus fugit!

nox rapidē venit! nōs dēbēmus quaerere
hospitia.

SENEX intrat.

TERTIUS CLĒRICUS
(*vidēns SENEM prope caupōnam*)

ecce! senem videō! senex est mātūrus. fortasse
hic senēs est bonus. caupōna ēius est magna et
bona. fortasse senex nōbīs cenam dabit.
fortasse hic senex erit hospes nōbīs.

CLĒRICĪ
(*īnsimul clēricī ad SENEM dīcunt*)
ō senex, nōs sumus discipulī. nōs iter facimus
ad studia quaerenda. in hāc patriā hospitium
quaerimus. nox venit. nox longa est. ō senex,
dā nōbīs hospitium in caupōnā tuā.

SENEX
(*sēcum loquens*)
ēheu! nōlō clēricōs in caupōnā meā! clēricī sunt
pauperēs! nōlō pauperēs in caupōnā meā!

(*ad CLĒRICĪ, subrīdēns*)
ō clēricī, vōs estis virī sānctī! Deus est Factor
omnium. fortasse Deus vōbīs hospitium dabit.
ego . . . ego vōbīs hospitium *nōn* dabō!
valē, ō clēricī pauperēs. in hōc nōn est ūtilitās
mihi. in hōc nōn est opportūnitās mihi.

CLĒRICĪ
>*(iam ad VETULAM sē vertentēs)*
>ō vetula cāra, hospitium nōn est ūtile. nōs
>autem sumus clēricī sānctī. fortasse, propter
>hoc beneficium, Deus vōbīs fīlium dōnābit.

VETULA omnia audit et gaudet.

VETULA
(ad SENEM)
>>ecce hī clēricī miserī!
>>in terrā aliēnā sunt et quaerunt studia.
>>sumus hospitēs. necesse est dare clēricīs
>>hospitium in caupōnā nostrā. cāritās nōs
>>compellit. in hōc nōn est ūtilitās, sed in hōc
>>nōn est damnum.

SENEX
(ad uxōrem)
>>ō uxor, cōnsilium tuum mihi placet. ego
>>acquiēscam tuō cōnsiliō. ego dabō illīs clēricīs
>>hospitium.

>>*(ad clēricōs)*
>>venīte, scholarēs! intrāte in caupōnam meam.
>>hāc nocte dabō vōbīs hospitium.

CLĒRICĪ gaudent. omnēs – CLĒRICĪ, SENEX,
VETULA – in caupōnam intrant.

SCAENA ALTERA

intrā caupōnam. mediā nocte. dum clēricī dormiunt
SENEX et VETULA sēcrētō colloquuntur.

SENEX
> (*ad uxōrem, CLĒRICĪS dormientibus*)
> ō uxor mea, iam clēricī dormiunt. nōnne tū
> vidēs marsūpia? ō rem mīrābilem! clēricī nōn
> sunt pauperēs. clēricī marsūpia magna habent.
> in marsūpiīs magnīs est pecūnia!
> volō pecūniam. quōmodo possumus pecūniam
> capere?

VETULA
> ō mī marīte, pauperēs sumus. multōs annōs
> vīximus pauperēs et miserī.

SENEX
> vīta pauper est longa et difficilis!

VETULA
> sī clēricōs interficiēmus, pecūniam capere
> poterimus! habēsne gladium tuum, ō mī
> marīte?

SENEX
> habeō, ō uxor!

VETULA
> affer gladium tuum!

(*SENEX exit*)

vīta pauper est difficilis. volō esse dīves! volō pecūniam clēricōrum

SENEX

(*SENEX fert gladium.*)

ecce, ō uxor! gladium habeō!

VETULA

ō mī marīte! interfice clēricōs dormientēs et pecūniam cape!

SENEX

timeō! hoc scelus est malum!

VETULA

scelus est malum. scelus autem nōn est difficile. ecce clēricī dormiunt! nēmō scelus   vidēbit. erit sēcrētum!

SENEX et VETULA exeunt. CLĒRICĪ magnā vōce clāmant! SENEX ET VETULA CLĒRICŌS interficiunt et pecūniam eōrum capiunt.

SCAENA TERTIA

postrīdiē vespere, intrā caupōnam. SENEX marsūpia CLĒRICŌRUM tenet pecūniam numerāns.

ST. NICHOLAS intrat. ille marsūpium magnum fert.

NICHOLAUS
> Salvē!

SENEX vōcem audit et ānxiē pecūniam cēlat.

SENEX
> salvē ō vir! quis es?

NICHOLAUS
> ego peregrīnus sum. ego per multās terrās iter
> fēcī. via est longa et difficilis. iam sōl nōn est in
> caelō et nunc dēfessus sum. volō in hāc
> caupōnā comedere et dormīre.

SENEX marsūpium NICHOLAĪ videt.

SENEX
> (*ad VETULAM*)
> ecce marsūpium! in marsūpiō est multum
> pecūniae! volō pecūniam!

VETULA
> (*ad SENEM*)
> ego quoque pecūniam volō.

SENEX
> (*ad VETULAM*)
> cāra coniūnx, quid est cōnsilium tuum? estne
> ille vir dignus hospitiō?

VETULA

> (*quoque marsupium vidēns*)
> vir dignus hospitiō est! vir est pulcher! vir est
> ēlegāns! vir est dīves!
> ō coniūnx, dēmus eī hospitium!

SENEX

> (*ad NICHOLAUM*)
> peregrīne, venī hūc. tū est vir nimis egregius.
> vīsne cēnam?

NICHOLAUS

> volō.

SENEX

> ergō ego tibi cēnam dabō. venī et cōnsīde ad
> mēnsam!

*NICHOLAUS ad mēnsam cōnsīdit. SENEX et VETULA
exeunt. NICHOLAUS ad mēnsam sedet. SENEX intrat et
cēnam ad mēnsam fert.*

SENEX

> ecce cēna!

NICHOLAUS cēnam nōn comedit.

VETULA

> (*ad SENEM*)
> cūr vir cēnam nōn comedit?

(ad NICHOLAUM)
>ō vir ēlegāns, cūr cēnam nostram nōn comedis?
>carō nostra tibi placet?

NICHOLAUS
>*(ad mēnsam sedēns)*
>carō vestra mihi nōn placet. hanc carnem
>comedere nōlō. carō nōn est recēns.

SENEX
>carō nostra est recēns.

NICHOLAUS
>ō senex, mendācium dīcis. carō in mēnsā nōn
>est recēns! volō carnem recentem!

VETULA
>ō vir, ego dedī tibi carnem quam habeō. in
>caupōnā nostrā nōn habeō carnem recentem!

NICHOLAUS
>tū carnem recentem nōn habēs? estne vērum?

SENEX
>nōn habeō.

NICHOLAUS
>*(rīdēns)*
>hahahae! mendācium dīcis! tū carnem habēs, et
>carō est nimium recēns!

VETULA

> ō vir sāncte, in tōtā caupōnā nostrā nōn est carō recēns!

NICHOLAUS

> erat scelus malum in hāc caupōnā! tū et tua uxor mala trēs innocentēs necāvistis. deinde tū et uxor pecūniam eōrum cēpistis!

SENEX et VETULA terrōre affectī sunt.

SENEX ET VETULA

> (*insimul*)
> ō vir sāncte, dā nōbīs veniam! nōs scelus est malum!

NICHOLAUS

> scelus vestrum est abōminābile!

SENEX ET VETULA

> ita vērō, ō sāncte Deī. scelus nostrum est abōminābile. dā nōbīs veniam!

VETULA

> ō sāncte Deī, estne scelus nostrum incondonābile?

NICHOLAUS

> scelus nōn est incondonābile. Deus vōbīs dabit veniam. ō senex et uxor, afferte corpora clēricōrum. per grātiam Deī hī clēricī resurgent.

VETULA

> quid dīcis? clēricī mortuī resurgent? ō rem
> mīrābilem!

SENEX et VETULA exeunt. corpora CLĒRICŌRUM
afferunt ad NICHOLAUM

NICHOLAUS

> (*Ōrātiō Sānctī Nicholaī*)
> pie Deus, quī omnia habet — caelum, terra, āēr,
> et maria — clēricī resurgant per grātiam tuam.
>
> ō Deus, audī ōrātiōnem meum!

SENEX

> audī eum clāmantem!

VETULA

> audī eum clāmantem!

subitō TRĒS CLĒRICĪ resurgunt. nōn iam mortuī sunt.
OMNĒS gaudent. OMNĒS carmen simul canunt.

MIRACULUM SANCTI NICHOLAI

Tier II Version – Complete

SCAENA PRIMA

sōle occidente trēs clēricī mediā in viā colloquuntur. multās hōrās iter fēcērunt. iam hospitium perquīrunt.

PRĪMUS CLĒRICUS

> Nōs sumus clēricī. hodiē apud gentēs exterās iter facimus. via est longa et difficilis.
>
> quid est causa nōbīs iter faciendī? discipulī sumus, et volumus litterās discere. causa discendī litterās nōs trānsmīsit ad gentēs exterās.
>
> sōl in caelō adhūc lūcet, sed mox sōl dēscendet. dum sōl radiōs ad terram extendit, quaerāmus nōbīs hospitium.

SECUNDUS CLĒRICUS

> *(ānxius caelum vidēns)*
> ecce iam sōl nōn est in mediō caelō. sōl in lītore est. iam sōl equōs in lītore tenet. mox currus sōlis merget sub aequore.
> haec patria nōn est nōta nōbīs. ignōta est!
> sumus apud gentēs exterās! tempus fugit! nox rapidē venit! nōs dēbēmus hospitia quaerere.

SENEX et VETULA ē caupōnā exeunt, et extrā caupōnam stant.

TERTIUS CLĒRICUS
> (*vidēns SENEM extrā caupōnam*)
> quid habēmus cōram oculīs meīs? ecce cōram
> oculīs habēmus senem. senex est mātūrus
> mōribus. forsan hic senex precēs nostrōs
> audiet. forsan hic senex erit hospes nōbīs?
> forsan senex est bonus et generōsus? nōs clēricī
> erimus hospitēs bonī!

CLĒRICĪ
> (*īnsimul clēricī ad SENEM dīcunt*)
> ō hospes cāre, discipulī sumus. relīquimus
> patriam nostram ad studia quaerenda.
> vēnimus hūc hospitium quaerentēs. nox venit.
> spatium noctis est longum. ō senex, dum hoc
> spatium noctis dūrābit, dā nōbīs hospitium.

SENEX
> (*sēcum loquēns*)
> hī hominēs sunt discipulī. ergō pecūniam nōn
> habent. pauperēs sunt. volō hospitēs dīvitēs,
> nōn pauperēs.

(ad CLĒRICĪ)
> ō clēricī, vōs estis virī sānctī! fortasse Deus,
> Factor omnium vōbīs hospitium dabit. ego . . .
> ego vōbīs hospitium nōn dabō!

valē, ō clēricī. in hōc neque est ūtilitās mihi
neque opportūnitās.

CLĒRICĪ
(*iam ad VETULAM sē vertentēs*)
ō vetula cāra, quod rogāmus nōn est ūtile.
forsan quod rogāmus sit impetrābile per tē.
forsan, propter hoc beneficium, Deus vōbīs
fīlium dōnābit.

hōc dictō VETULA gaudet.

VETULA
(*ad SENEM*)
hī clēricī errant in terrīs exterīs quaerentēs
studium. necesse est dare clēricīs hospitium.
cāritās nōs compellat. dare hospitium est
neque damnum neque ūtilitās.

SENEX
(*ad uxōrem*)
cōnsilium tuum est bonum, ō uxor mea. dabō
illīs clēricīs hospitium.

(*ad CLĒRICŌS*)
venīte, scholārēs, igitur in caupōnam meam.
dabō vōbīs hospitium.

hōc audītō CLĒRICĪ gaudent. omnēs – CLĒRICĪ, SENEX,
VETULA – in caupōnam intrant.

SCAENA ALTERA

*intrā caupōnam. mediā nocte. dum clēricī dormiunt
SENEX et VETULA sēcrētō colloquuntur.*

SENEX

> (*ad uxōrem, clēricīs dormientibus*)
> ō uxor mea, clēricī dormiunt. nōnne tū vidēs
> marsūpia? ō rem mīrābilem! ego credidi clēricōs

esse pauperēs. marsūpia eōrum autem   sunt magna! in
marsūpiīs magnīs est magna   cōpia pecūniae! volō
cōpiam pecūniae   possidēre. nōn possumus
pecūniam possidēre   absque īnfāmiā.

VETULA

> ō mī marīte, pauperēs sumus. paupertās est
> onus magnum et malum. multōs annōs
> sustulimus onus paupertātis. quamdiū   vīximus

onus sustulimus!

SENEX

> quōmodo possumus paupertātem vītāre?

VETULA

> paupertātem vītāre poterimus, sī clēricōs
> interficiēmus et marsūpia eōrum capiēmus.
> habēsne gladium tuum, ō mī marīte?

SENEX

> habeō, ō uxor!

VETULA
> ēvāgīnēs ergō iam gladium; possumus dīvitēs
> esse, sī tū interficis clēricōs dormientēs.

SENEX
> possumus dīvitēs esse quamdiū vīxerimus!

VETULA
> erimus dīvitēs et nēmō sciet quod fēcerimus!

*SENEX et VETULA exeunt. CLĒRICĪ magnā vōce
clāmant! SENEX ET VETULA CLĒRICŌS interficiunt et
pecūniam eōrum capiunt.*

SCAENA TERTIA

*postrīdiē vespere, intrā caupōnam. SENEX marsūpia
CLĒRICŌRUM tenet pecūniam numerāns.*

ST. NICHOLAUS intrat. ille marsūpium magnum ferēns.

NICHOLAUS
> salvus sīs!

vōce audītā, SENEX ānxiō animō pecūniam cēlat.

SENEX
> salvus sīs, ō vir! quis es?

NICHOLAUS

> peregrīnus sum. iter meum longum fuit et
> fessus itinere sum. nōn possum ultra iter facere
> hodiē. nox venit. ergō, ō senex, precor, dā mihi
> hospitium per spatium hūius noctis.

SENEX marsūpium NICHOLAĪ videt.

SENEX

> (*ad VETULAM*)
> ecce marsūpium! in marsūpiō est multum
> pecūniae! volō pecūniam!

VETULA

> (*ad SENEM*)
> ego quoque pecūniam volō.

SENEX

> (*ad VETULAM*)
> cāra coniūnx, quid est cōnsilium tuum? estne
> ille vir dignus hospitiō nostrō?

VETULA

> (*quoque marsupium vidēns*)
> speciēs hūius virī eum commendat! meō
> cōnsiliō est dignus ut tū dēs eī hospitium.

SENEX

> (*ad NICHOLAUS*)
> Peregrīne, venī hūc. tū vīderis esse vir nimis
> egregius. vīsne cēna? sī vīs, dabō tibi

comedere. venī et cōnsīde ad mēnsam!
quidquam tū volēs, ego tibi dabō.

NICHOLAUS ad mēnsam cōnsīdit. SENEX et VETULA exeunt ad cēnam afferendam. NICHOLAUS ad mēnsam sedet. SENEX carnem fert. SENEX carnem in mēnsam pōnit.

SENEX
> ecce carō!

NICHOLAUS carnem īnspectat.

NICHOLAUS
> *(ad mēnsam sedēns)*
> hanc carnem comedere nōlō

SENEX
> carō nostra tibi nōn placet, ō vir?

NICHOLAUS
> haec carō mihi nōn placet! ego comedere possum nihil ex hīs cibīs! carō in mēnsā nōn est recēns! volō carnem recentem!

SENEX
> ō vir, ego dedī tibi carnem quam habeō. in caupōnā nostrā nōn habeō carnem recentem!

NICHOLAS
> carne recentī carēs?

SENEX

> careō.

NICHOLAUS

> (*rīdēns*)
> hahahae! Nunc tū dīxistī plānē mendācium. tū
> es senex falsus! tū carnem habēs, et carō est
> nimium recēns!

SENEX

> ō vir sāncte, in caupōnā nostrā nōn est carō
> recēns!

NICHOLAUS

> et hanc carnem habēs magnā nēquitiā! tū et illa
> uxor mala trēs innocentēs necāvērunt, et
> pecūniam cēpērunt!

.

SENEX et VETULA terrōre affectī sunt.

SENEX ET VETULA

> (*simul*)
> ō vir sāncte, miserēre nostrī! nōs scelus malum
> fēcimus! vidēmus tē esse sānctus vir!

NICHOLAUS

> scelus vestrum est abōminābile!

SENEX ET VETULA

> (*simul*)
> ita vērō, ō sāncte Deī. scelus nostrum est
> abōminābile. miserēre nostrī! dā nōbīs veniam!

scelus nostrum est abōminābile!

VETULA

ō sāncte Deī, estne scelus nostrum
incondonābile? potesne dare nōbīs veniam?

NICHOLAUS

scelus nōn est incondonābile. Deus potest
vōbīs dare veniam. ō senex et uxor, afferte
corpora mortuōrum. videō contrīta esse vestra
pectora. per grātiam Deī hī clēricī resurgent.

VETULA

quid dīcis? clēricī mortuī resurgent? ō rem
mīrābilem!

NICHOLAUS

sed ūnō condiciōne: vōs duo trīstēs veniam
quaerātis!

*SENEX et VETULA flentēs et trīstēs exeunt. Paulō post
revēniunt corpora CLĒRICŌRUM afferentēs.*

NICHOLAUS

(*Ōrātiō Sānctī Nicholaī.*)
Pie Deus, quī omnia possidet
Caelum, terra, āēr, et maria,
ō Deus, faciās ut hī clēricī mortuī resurgent.
ō Deus, audiās hōs malōs ad tē clāmantēs.

*CLĒRICĪ, nōn iam mortuī, surgunt. OMNĒS gaudent et
carmen simul canunt.*

MIRACULUM SANCTI NICHOLAI

Original Version – Complete

SCAENA PRIMA

sōle occidente trēs clēricī mediā in viā colloquuntur. multās hōrās iter fēcērunt. iam hospitium perquīrunt.

PRĪMUS CLĒRICUS
> Nōs quōs causa discendī litterās
> Apud gentēs trānsmīsit exterās.
> Dum sōl adhūc extendit radium
> Perquīrāmus nōbīs hospitium.

SECUNDUS CLĒRICUS
> (*caelum ānxiē aspiciēns*)
> Iam sōl equōs tenet in lītore,
> Quōs ad praesēns merget sub aequore.
> Nec est nōta nōbīs haec patria;
> quaerī dēbent hospitia.

TERTIUS CLĒRICUS
> (*vidēns senem extrā caupōnam*)
> Senem quendam mātūrum mōribus
> Hīc habēmus cōram lūminibus;
> Forsan, nostrīs compulsus precibus,
> Erit hospes nōbīs hospitibus.

SENEX et VETULA ē caupōnā exeunt, et extrā caupōnam stant.

CLĒRICĪ

> (*īnsimul, ad SENEM*)
> Hospes cāre, quaerendō studia
> Hūc relictā venīmus patriā;
> Nōbīs ergō praestēs hospitium,
> Dum dūrābit hoc noctis spatium.

SENEX

> Hospitētur vōs Factor omnium!
> Nam nōn dabō vōbīs hospitium;
> Nam nec mea in hōc ūtilitās.
> Nec est ad hoc nunc opportūnitās.

CLĒRICĪ

> (*ad VETULAM*)
> Per tē, cāra, sit impetrābile
> Quod rogāmus, etsī nōn ūtile.
> Forsan, propter hoc beneficium,
> Vōbīs Deus dōnābit puerum.

hōc dictō VETULA gaudet.

VETULA

> (*ad SENEM*)
> Nōs hīs dare, coniunx, hospitium.
> Quī sīc vagant quaerendō studium.
> Sōla saltem compellat cāritās;
> Nec est damnum, nec est ūtilitās.

SENEX

>*(ad uxōrem)*
>
>Acquiēscam tuō cōnsiliō
>Et dignābor istōs hospitiō.

(ad CLĒRICŌS)

>Accēdātis, scholārēs, igitur.
>Quod rogāstis vōbīs concēditur.

hōc audītō CLĒRICĪ gaudent. omnēs — CLĒRICĪ, SENEX,
VETULA — in caupōnam intrant.

SCAENA ALTERA

intrā caupōnam. mediā nocte. dum clēricī dormiunt
SENEX et VETULA sēcrētō colloquuntur.

SENEX

>*(ad uxōrem, clēricīs dormientibus)*
>
>Nonne vidēs quanta marsūpia?
>Est in illīs argentī cōpia.
>Haec ā nōbīs absque īnfāmiā
>Possidērī posset pecūnia.

VETULA

>Paupertātis onus sustulimus,
>Mī marīte, quamdiū vīximus;
>Hōs sī mortī dōnāre volumus,
>Paupertātem vītāre possumus.
>Ēvāgīnēs ergō iam gladium;
>Namque potes, morte iacentium,

Esse dīves quandiū vīxeris;
Atque sciet nēmō quod fēceris.

SCAENA TERTIA

NICHOLAUS

Peregrīnus, fessus itinere
Ultrā modō nōn possum tendere;
Hūius ergō per noctis spatium
Mihi praestēs, precor, hospitium.

SENEX

(*ad VETULAM*)
An dignābor istum hospitiō,
Cāra coniūnx, tuō cōnsiliō?

VETULA

Hunc persōna commendat nimium,
Et est dignus ut dēs hospitium.

SENEX

Peregrīne, accēde propius:
Vir vīderis nimis ēgregius;
Sī vīs, dabō tibi comedere;
Quidquam volēs tentābō quaerere.

*NICHOLAUS ad mēnsam sedet. SENEX intrat carnem
ferēns. SENEX carnem in mēnsā cōram hospitī pōnit.*

NICHOLAUS

(*ad mēnsam*)
Nihil ex hīs possum comedere;

Carnem vellem recentem edere.

SENEX

Dabō tibi carnem quam habeō,

Namque carne recente careō.

NICHOLAUS

Nunc dīxistī plānē mendācium

Carnem habēs recentem nimium,

Et hanc habēs magnā nēquitiā,

Quam mactārī fēcit pecūnia.

SENEX ET VETULA

(*simul*)

(*simul*)

Miserēre nostrī, tē petimus,

Nam tē sānctum Deī cognōvimus.

Nostrum scelus est abōminābile,

Nōn est tamen incondonābile.

NICHOLAUS

Mortuōrum afferte corpora.

Et contrīta sint vestra pectora;

Hī resurgent per Deī grātiam;

Et vōs flendō quaerātis veniam.

SENEX et VETULA exeunt. Paulō post revēniunt corpora
CLĒRICŌRUM afferentēs.

NICHOLAUS

> (*Ōrātiō Sānctī Nicholāī.*)
> Pie Deus, cūius sunt omnia,
> Coelum, tellūs, āēr, et maria,
> Ut resurgant istī praecipiās,
> Et hōs ad tē clāmantēs audiās.

CLĒRICĪ, nōn iam mortuī, surgunt. OMNĒS gaudent et carmen canunt.

MIRACULUM SANCTI NICHOLAI

INDEX VERBORUM

A

abominabilis, *e* : abominable
absque, *prép. + abl.* : without,
acquiesco, *is, ere, quieui, quietum*: to acquiesce, assent
ad, *prép. + acc.*: to, up to, towards
adhuc, adhoc, *adv.* still besides
aequor, *oris, n.*: surface of the sea sea, ocean
aer, *aeris, m.*: air
adficio, *is, ere, feci, fectum* to move, influence
adfero, *fers, ferre, adttuli att-, adlatum all-*: to bring to, to carry
alienus, *a, um*: foreign
animus, *i, m.*: mind
annus, *i, m.*: year
anxie, *adv.*: anxiously
anxius, *a, um*: anxious
apud, aput, *prép. + acc.*: at the house of
aspicio, *is, ere, spexi, spectum*: to look, gaze on, observe, behold
audio, *is, ire, iui, itum*: to hear, listen
autem, *conj. coord.*: however moreover

B

beneficium, *ii, n.*: kindness, favor, benefit, service, help privilege, right
bonus, *a, um*: good, honest

C

caelum, *i, n.*: - sky, heavens
cano, *is, ere, cecini, cantum*: to sing, chant
capio, *is, ere, cepi, captum*: to take, seize
carus, charus, *a, um*: dear, beloved
careo, *es, ere, ui, iturus*: to be without, to lack
caritas, *atis, f.*: charity
carmen, *minis, n.*: song, music
caro, *carnis, f.*: meat
caupona, *ae, f.*: restaurant inn
caupo, *onis, m.*: shopkeeper, innkeeper

causa, *ae, f.*: cause, reason
celo, *as, are*: to hide, to conceal
cena, *ae, f.*: dinner, meal
cibus, *i, m.*: food
clamo, *as, are*: to cry, shout out
clericus, *i, m.* : a clergyman, priest
colloquor, *eris, i, cutus sum*: to talkto speak with
comedo, *is, ere, edi, esum*: to eat, consume
commendo, *as, are*: to recommend, commend to
compello, *is, ere, puli, pulsum*: to force, compel
condicio, *onis, f.*: condition, agreement
coniunx, *iugis, f.*spouse
consido, *is, ere, sedi, sessum*: - to sit down
consilium, *ii, n.*: plan, opinion
contritus, *a, um*: worn down (by guilt), guilty
copia, *ae, f.*: amount
coram, *prép. et adv.*: in the presence of, before
corpus, *oris, n.*: - body, corpse
cur, *adv.*: why
currus, *us, m.*: chariot

D

do, *das, dare, dedi, datum*: - to give
debeo, *es, ere, ui, itum*: to ought, must, should
defessus, *a, um*: worn out, weary, exhausted, tired
deinde, dein, *adv.*: then, next
descendo, *is, ere, di, sum*: to descend
dico, *is, ere, dixi, dictum*: to say
difficilis, *e*: - difficult,
dignus, *a, um*: worthy, deserving
disco, *is, ere, didici*: to learn
discipulus, *i, m.*: student, pupil
dives, *itis*: rich, wealthy
dono, *as, are*: to give
dormio, *is, ire, iui, itum*: to sleep
dum, *conj. sub.*: while

duo, *ae, o, pl.*: two pl
duro, *as, are*: to last, remain, continue to endure

E

ecce, *adv.*: behold! see!
ego, *mei, pron.*: I
eheu, *interj.*: alas!
eius: his, her
elegans, *antis*: elegant, fine, handsome
equus, *i, m.*: horse steed
ergo, *conj.*: therefore
et, *conj. adv.*: and, and even also
etsi, *conj. sub.*: even if
ex, *prép. + abl.*: out of, from
exeo, *is,ire, ii, itum*: - to go out
extendo, *is, ere, tendi, tensum tum*: to stretch out continue
exter, *era, erum*: foreign strange
extra, *prép. + acc.*: outside of

F

facio, *is, ere, feci, factum*: to make, do to cause
fero, *fers, ferre, tuli, latum*: to bring, bear
fessus, *a, um*: tired, wearied
festus, *a, um*: festive, joyous holiday
filius, *ii, m.*: son
fleo, *es, ere, fleui, fletum*: to cry for to cry, weep
forsan, *adv.*: perhaps
fortasse, *adv.*: perhaps, possibly it may be
fugio, *is, ere, fugi*: to flee, fly, run away

G

gaudeo, *es, ere, gauisus sum*: to be glad, rejoice
generosus, *a, um*: noble, distinguished
gens, *gentis, f.*: tribe, clan nation, people
gladius, *i, m.*: sword
gratia, *ae, f.*: favor, grace

H

habeo, *es, ere, bui, bitum*: to have, hold
hic, *haec, hoc, adj. pron.*: this these
hic, *adv.*: here, in this place in the
hodie, *adv.*: today, nowadays
homo, *minis, m.*: man, human being, person
hora, *ae, f.*: hour
hospes, *itis, m.* host, guest
hospitium, *i, n.*: hospitality, lodging
huc, *adv.*: here, to this place to this point

I

iam, *adv.*: now, already
igitur, *adv., conj.*: therefore, so/then
ignotus, *a, um*: unknown, strange
ignosco, *is, ere, noui, notum*: to pardon, forgive
ille, *illa, illud, pron.*: that, those
impetrabilis, *e*: easy to achieve or obtain
in, *prép. + acc. ou + abl.*: in, into, on
infamia, *ae, f.*: disgrace, dishonor
innocens, *entis*: harmless, innocent
inspecto, *as, are*: to look at, observe
interficio, *is, ere, feci, fectum*: to kill
intra, *prép. + acc.*: within, inside
ita, *adv.*: thus, so therefore
iter, *itineris, n.*: journey road

L

litus, *oris, n.*: shore, seashore
littera, *ae, f.*: literature, books
longus, *a, um*: long tall
loquor, *eris, i, locutus sum*: to speak, tell to talk
luceo, *es, ere*: - to shine, emit light

M

magnus, *a, um*: - large, great
mare, *is, n.*: sea sea water
maritus, *i, m.*: a maried man, husband
marsupium, *ii, n.* : a pouch, purse
maturus, *a, um*: early, speedy ripe
meus, *mea, meum*: my

medius, *a, um*: middle
mendacium, *ii, n.*: a lie
mensa, *ae, f.*: table course, meal
mensa, *ae, f.*: table course, meal
mergo, *is, ere, mersi, mersum*: to dip, to sink
mirabilis, *e*: strange miraculous
misereor, *eris, eri*: to feel pity, have compassion, to pity
miser, *a, um*: poor, miserable, wretched
mos, *moris, m.*: custom, habit
mortuus, *i, m.*: a dead person, dead man
mox, *adv.*: soon
mulier, *is, f.*: woman wife mistress
multus, *a, um*: much, many

N
nec, *adv.*: nor, and..not not..either
neco, *as, are*: to kill, murder
necesse, *adj.*: necessary, essential
nemo, *nullius, nt. pron.*: nobody
neque, *conj. coord.*: nor
nequitia, *ae, f.*: wickedness idleness
nihil, *pron.*: nothing
nimis, *adv.*: very much too much
nos, *nostrum pron. pl.*: we pl., us
nox, *noctis, f.*: night
nolo, *non uis, nolle, nolui*: to be unwilling to wish not to
non, *adv. neg.*: not
nonne, *adv. interr.*: don't . . . ?
nos, *nostrum pron. pl.*: we pl., us
noster, *tra, trum, adj. pron.*: our
nosco, *is, ere, noui, notum*: to get to know to learn, find out
notus, *a, um*: well known, familiar
numero, *as, are*: to number
nunc, *adv.*: now

O
o, *excl.*: Oh!
occido, *is, ere, occidi, occasum*: to fall down, to set
oculus, *i, m.*: eye

omnis, *e*: all, every
onus, *eris, n.*: load, burden
opportunitas, *atis, f.*: convenience,
oratio, *onis, f.*: speech, oration

P
patria, *ae, f. sing.*: one's own country
pauper, *pauperus eris, adj. et subst.*: poor
paupertas, *atis, f.*: poverty, need
pectus, *oris, n.*: breast, heart
pecunia, *ae, f.*: money property
per, *prép. + acc.*: through
peregrinus, *i, m.*: a foreigner, stranger
perquiro, *sivi, situm, ere*: to search everywhere for
placeo, *es, ere, cui, citum*: it is pleasing
plane, *adv.*: clearly, plainly
pono, *is, ere, posui, situm*: - to put, place
possideo, *es, ere, sedi, sessum*: to possess, take. hold possession of
possum, *potes, posse, potui*: to be able
post, *adv, prép. + acc.*: after, behind
postea, *adv.*: afterwards
postridie, *adv.*: on the following day
possum, *potes, posse, potui*: to be able, can
praesto, *as, are*: to offer, present
prex, *precis, f*: prayer, request
prope, *adv., prép. + acc.*: near, nearly
propter, *prép. + acc.*: near on account of
puer, *eri, m.*: boy, young man
pulcher, pulcer, *chra, chrum*: pretty beautiful handsome
puto, *as, are*: to think, believe, suppose

Q
quaero, *is, ere, siui, situm*: to search for, to ask, inquire, demand
quamdiu, *adv. interr.*: as long as
quisquam, *quaequam, quidquam*: any body, any thing, something
quis, *quae, quid, pron. interr.*: who?
quomodo, *conj. sub.*: how, in what way
quoque, *adv.*: also, too

R
rapide, *adv.*: hurriedly, rapidly
rapidus, *a, um*: rapid, swift
recens, *entis*: fresh
relinquo, *is, ere, reliqui, relictum*: to leave behind, abandon
res, *rei, f.*: a thing, object, event, fact
resurgo, *is, ere, rexi, rectum*: to rise, appear again
revenio, *is, ire, ueni, uentum*: to come back, return
rogo, *as, are*: to ask, ask for

S
saltem, *adv.*: at least
salve, salvete, *interj.* : hail! welcome!
sanctus, *a, um*: divine, holy
scelus, *eris, n.*: crime, evil deed
scholaris, *e* : scholar, student
scio, *is, ire, sciui, scitum*: to know, understand
secretus, *a, um*: private, secret remote hidden
secreto, *adv.* : separately secretly, in private
sed, *conj.*: but
sedeo, *es, ere, sedi, sessum*: to sit
senex, *senis, m.*: aged, old
si, sei, *conj. sub.*: si
silentium, *ii, n.*: silence
simul, *adv.*: at the same time
sol, *solis, m.*: sun
solus, *a, um*: only, alone
spatium, *ii, n.*: time, period, duration
species, *ei, f*: sight, appearance
specto, *as, are*: to observe, watch
sto, *as, are, steti, statum*: to stand
studium, *ii, n.*: pursuit, study
sub, *prép. + acc. / abl.*: under
subito, *adv.*: suddenly
surgo, *is, ere, surrexi, surrectum*: to rise
suffero, *fers, ferre, sustuli, -*: to bear, endure, suffer

se, *sui, pron. réfl.*: himself, herself, itself, themselves

T
tu, *tui, sing. pron.*: you sing.
tempus, *oris, n.*: time
teneo, *es, ere, ui, tentum*: to hold
terra, *ae, f.*: earth, land
terror, *oris, m.*: terror, panic, alarm, fear
timeo, *es, ere, timui*: to fear, dread
totus, *a, um* : whole, all, entire
transmitto, tramitto, *is, ere, misi, missum*: to send across to go across
tres, *ium*: three
tristis, *e*: sad, sorrowful gloomy

U
unus, *a, um, sing.*: one
ut, *conj.* that, to
utilis, *e*: useful, profitable, practical
utilitas, *atis, f.*: usefulness, advantage
uxor, *oris, f.*: wife

V
vago, *are*, to wander
vale, *adv.* : "farewell
venio, *is, ire, ueni, uentum*: to come
vero, *adv.*: yes in truth certainly truly
verus, *a, um*: true
verto, vorto, *is, ere, uerti, uersum*: to turn, turn around
vesper, *cf. vesper*: evening
vester, *tra, trum*: your
vos, *uestrum.*: you pl.
vetula, *ae, f.*: a little old woman
via, *ae, f.*: way, road, street journey
video, *es, ere, uidi, uisum*: to see, look at
vir, *uiri, m.*: man husband
volo, *uis, uelle, uolui*: to wish, want
vita, *ae, f.*: life
vivo, *is, ere, uixi, uictum*: to be alive, live
vox, *uocis, f.*: voice, tone, expression
volo, *uis, uelle, uolui*: to wish, want

About the author

Andrew Olimpi lives in Dacula, Georgia with his beautiful and talented wife, Rebekah, an artist, writer, and English teacher. When he is not writing and illustrating books, Andrew teaches Latin at Hebron Christian Academy in Dacula, Georgia. He holds a master's degree in Latin from the University of Georgia and currently is working on a PhD in Latin and Roman Studies at the University of Florida. He is the creator of the Comprehensible Classics series of Latin novellas aimed at beginner and intermediate readers of Latin.

Daedalus et Icarus: A Tiered Latin Reader
Selections from Ovid's Metamorphoses *and Hyginus'*
Fabulae

Daedalus and Icarus: A Tiered Reader is not a typical intermediate Latin reader.

Instead of using extensive vocabulary glosses and grammatical notes, this reader uses "tiered readings" of increasing complexity. These tiers allow readers of varying ability to begin reading right away, thus improving their Latin language proficiency as they move from simple, adapted readings to original, authentic Latin texts by the Roman authors Ovid and Hyginus.

This volume includes marginal glosses of less common Latin vocabulary, illustrations, and a full glossary.

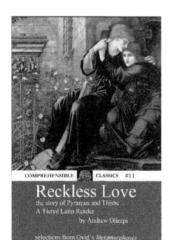

Reckless Love: The Story of Pyramus and Thisbe
A Tiered Latin Reader

Forbidden to marry by their quarreling parents, two Babylonian lovers, Pyramus and Thisbe create a desperate plan to run away together in the middle of the night. However, things don't go according to plan, and the lovers soon discover that hasty choices can have tragic consequences.

Now read Ovid's timeless story of forbidden love and bitter irony in an entirely new way: using "tiered" readings, simplified versions of the original story that get progressively more complex, until the reader is able to comprehend the original Latin text without laborious translation or constant thumbing through a dictionary.

This volume includes marginal glosses of less common Latin vocabulary, illustrations, and a full glossary.

Made in the USA
Middletown, DE
15 December 2020